Ingrid Wurst

Wir basteln Laternen

Creativ Compact

CHRISTOPHORUS

Inhalt

3 Laterne, Laterne ...

4 Material & Technik

6 Gelbe Ente

8 Kinderleichte Laternen

10 Bunter Clown

12 Lieber Rabe

14 Glänzender Roboter

16 1001 Nacht

18 Vogelscheuche

20 Niedliche Bären

22 Lustiges Gespenst

24 Lachender Kürbis

26 Fröhlicher Frosch

28 Waldeule

30 Kleiner Pirat

Laterne, Laterne ...

Das Fest des heiligen Sankt Martin wird am 11. November gefeiert. Vor allem Kindergarten- und Grundschulkinder ziehen an diesem Tag fröhlich mit ihren leuchtenden Laternen durch die dunklen Straßen und singen Laternen- und Martinslieder.

Zu der Vorbereitung des Laternenumzugs gehört auch das Basteln der eigenen Laterne. Dazu finden Sie in diesem Buch eine große Auswahl an stimmungsvollen Laternen für kleine und große Kinder, zum Beispiel einen Roboter für die Jungs und eine orientalische Tänzerin für die Mädchen. Auch Laternen mit Tiermotiven wie Rabe, Frosch oder Ente kommen bei den Kindern bestimmt gut an. Natürlich dürfen auch herbstliche Motive wie Kürbis, Vogelscheuche oder Gespenst nicht fehlen.

Ich wünsche Ihnen und Ihren Kindern viel Spaß beim Basteln und einen wunderschönen Martinsumzug.

Ihre

Ein herzliches Dankeschön an die Firmen Ursus Bähr und Rayher für die Bereitstellung der Materialien.

Material & Technik

Laternenarten

Sie finden in diesem Buch verschiedene Laternenarten: *Ballonlaternen*, deren Grundform auf einem aufgeblasenen Luftballon, Seidenpapier und Kleister basiert, *Rundlaternen*, bei denen fertige, im Hobbyfachhandel erhältliche Laternendeckel und Laternenböden (Käseschachteln) verwendet werden und *Stalllaternen*, die aus ebenfalls im Handel erhältlichen Laternenzuschnitten aus Wellpappe gestaltet werden. *Motivlaternen* sind nach den Vorlagen frei aus Tonkarton gearbeitet.

Hilfsmittel

Folgende Hilfsmittel werden für fast jede Laterne benötigt und sind in den einzelnen Materialspalten nicht mehr aufgeführt: Bleistift, Bleistiftspitzer, Lineal, Radiergummi, Transparentpapier, dünner Karton, mittelgroße Schere, Nagelschere, Cutter mit Schneideunterlage, Prickelnadel, Buntstifte, feiner Filzstift in Schwarz, Gelstift in Weiß, Alleskleber, Klebestift, Schmuck-Kleber (Firma Rayher), Sprühkleber, Abstandsband, Wattestäbchen, Montierzange zum Biegen der Laternenbügel.

Vorlagen übertragen

Das Transparentpapier auf die Vorlage legen, dabei alle Konturen mit einem Bleistift umfahren. Das Blatt wenden und alle Linien mit einem Bleistift nochmals nachzeichnen. Diese Seite nach unten auf den Tonkarton legen und wiederum alle Linien nachziehen.

Schablonen herstellen

Wird ein Motiv mehrmals benötigt, am besten eine Schablone herstellen. Das Motiv von der Vorlage auf Transparentpapier abpausen. Das Transparentpapier auf einen dünnen Karton kleben und exakt ausschneiden. Die Schablone auf den Tonkarton legen und die Konturen mit einem Bleistift umfahren.

Aufhängung

Vor dem Anbringen des Laternenbügels die Laterne zwischen Daumen und Zeigefinger ausbalancieren. Auf zwei gegenüberliegendenden Seiten des Laternenrandes mit einer Prickelnadel je ein Loch einstechen. Den Laternenbügel durchziehen und mit einer Zange die Enden umbiegen.

Beleuchtung

Aus Sicherheitsgründen (Brandgefahr) sollte bei einem Laternenumzug die Laterne mit einem batteriebetriebenen Laternenstab beleuchtet werden. Wer dennoch eine Kerze verwenden möchte, kann in der Mitte des Laternenbodens eine Kerzenhalterung anbringen. Mit einem Cutter zwei Schlitze in den Boden schneiden, die Metallstege hindurchführen und auf der Unterseite auseinanderbiegen.

TIPP

Nach dem Laternenumzug kann die Laterne mit einer Lichterkette versehen und als Schlummerlicht ins Kinderzimmer gehängt werden.

Ballonlaternen

1 Den Tapetenkleister nach Angaben des Herstellers anrühren. Den Ballon aufpusten, verknoten, mit dem Verschluss nach unten in einen großen Becher (15,5 cm hoch, 9 cm ∅) stellen und mit Klebestreifen befestigen.

2 Das Seidenpapier in 4 bis 6 cm große Stücke reißen. Kleister auf den Ballon auftragen und zunächst eine Lage Seidenpapierschnipsel leicht überlappend fixieren. Danach noch drei weitere Schichten auftragen. Die letzte Lage wieder mit Kleister einstreichen. Da feuchtes Seidenpapier sehr stark abfärbt, beim Bekleben am besten Einweghandschuhe tragen.

3 Den Trinkbecher entfernen, die untere Hälfte des Luftballons ebenfalls bekleben. An den Verschluss einen Faden knoten und über Nacht zum Trocknen aufhängen.

4 Den Ballon knapp unter dem Verschlussknoten mit einer Nadel aufstechen und mit einer kleinen Schere die Öffnung der Laterne ausschneiden. Die Ballonreste entfernen. Die Laterne weiter ausgestalten.

Gelbe Ente

Material

- 2 Luftballons, rund
- Tonkarton in Weiß, Goldgelb, Orange
- 2 Tonpapierstreifen in Orange, 2 cm breit, 50 cm lang
- Seidenpapier in Gelb
- Bastelfilz in Grün kariert
- Pfeifenputzer in Gelb, 10 mm ∅, 28 cm lang
- 2 Magnete, 2,5 cm ∅
- Tapetenkleister
- Laternenbügel

Vorlagen A1 – A3

Hexentreppen falten

1 Zwei gleich lange Papierstreifen rechtwinkelig anordnen und zusammenkleben.

2 Den jeweils unten liegenden Streifen anheben und in die entgegengesetzte Richtung falten.

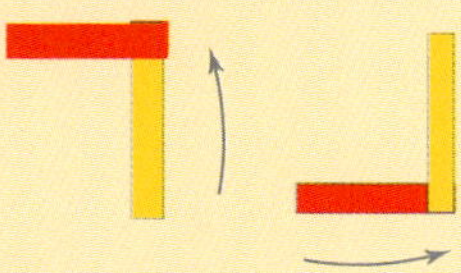

3 Die Streifen abwechselnd falten, bis der ganze Papierstreifen verarbeitet ist. Die beiden Endstücke fixieren.

1 Nach der Anleitung auf Seite 5 zwei Ballonlaternen mit einem Umfang von 38 cm (Kopf) und 65 cm (Körper) anfertigen. In den kleinen Luftballon (Kopf) nach dem Trocknen um den Verschlussknoten ein kleines Loch schneiden (etwa 1 cm ∅), den Ballon entfernen und wieder mit Seidenpapier kaschieren.

2 Beim großen Ballon (Körper) knapp unter dem Verschlussknoten (das spätere Schwanzteil) einstechen und ein kleines Loch schneiden. Zwei kleine Magnete aufkleben, um das Gleichgewicht mit dem Kopf herzustellen. Diese kleine Öffnung mit Seidenpapier bekleben und trocknen lassen. In den Körperballon laut Foto eine ovale Öffnung schneiden und den Luftballon entfernen. Einen gelben Pfeifenputzer, 15 cm lang, zu einem Ring biegen, die Enden ineinander verdrehen. Diesen Ring auf den Körper und darauf den Kopf fixieren.

3 Beide Augen (Vorlage A1) aus Tonkarton schneiden, die Pupillen mit Lichtpunkten aufmalen. Den Schnabel (Vorlage A2) knicken, die Zunge und beide Markierungspunkte als Nasenöffnungen befestigen. Den Schnabel unterhalb der Faltkante an den Kopf kleben und die Bäckchen mit einem Buntstift aufmalen. Einige Federn am Kopf und am Körper anbringen.

4 Ein Rechteck aus Bastelfilz, 2 x 19 cm, um den Hals schlingen, die Enden aufeinanderkleben. Einen Schal, 5 x 30 cm, zuschneiden, die Enden fransig einschneiden, in der Mitte einen Knoten binden, den Schal vorne am Hals befestigen. Aus je zwei Papierstreifen, 25 cm lang, eine Hexentreppe (Anleitung siehe Materialspalte) falten, die Füße (Vorlage A3) ankleben und die Beine am Körper fixieren. Den Laternenbügel anbringen (Anleitung Seite 5).

Kinderleichte Laternen

Material

Kürbislaterne

- Laternenzuschnitt aus 3D-Colorwellpappe in Gelb, 13,5 x 18 cm
- Regenbogentonkarton
- Strohseide in Grün
- Mobilefolie, 0,2 mm stark
- Acrylfarbe in Orange
- Filzstift in Grün
- Kartoffeln
- Messer, Schneidebrett

Gespensterlaterne

- Laternenpackung aus 3D-Colorwellpappe in Blau, mit Mobilefolie, 13,5 x 18 cm
- Tonkarton in Gelb
- Acrylfarbe in Blau
- 4 Pompons in Rot, 10 mm ∅
- Marabufeder in Weiß
- 8 Wackelaugen, 12 mm ∅
- 4 Metallglöckchen „Fledermaus", 15 mm ∅
- 8 Streuteile „Spinnen", 15 mm ∅
- 8 Herzsticker 10 mm ∅
- Wattestäbchen
- Nähfaden, Nähnadel

Vorlagen B1 – B3

Anleitung Seite 32

Bunter Clown

Material

- Luftballon in Herzform
- Tonkarton in Weiß, Hautfarbe, Gelb, Orange, Rot, Hellgrün, Blau
- Tonkarton in Gelb, Pink kariert
- Seidenpapier in Hellgrün, Hellblau
- 5 Tonpapierstreifen in Gelb, 2 x 50 cm
- 2 Pompons in Rot, 6 mm ∅
- Pompon in Gelb, 2 cm ∅
- Pfeifenputzer in Grasgrün, 10 mm ∅, 28 cm lang
- Motivlocher „Blüte", mittel
- Laternenbügel

Vorlagen C1 – C4

1 Den Luftballon so aufblasen, dass er etwa 26 cm lang ist, der Umfang an der breitesten Stelle beträgt etwa 47 cm. Nach der Anleitung auf Seite 5 eine Ballonlaterne anfertigen, dabei eine Hälfte mit grünem Seidenpapier und die andere Hälfte mit blauem Seidenpapier kaschieren. Nach dem Trocknen eine Öffnung ausschneiden.

2 Das Gesicht (Vorlage C1) zuschneiden, beide Wangen aufmalen. Die weiße Mundpartie fixieren, den Mund aufmalen, beide Kreise, die Nase sowie die Augen aus Tonkarton anbringen. Die Haare von hinten, die zweiteilige Mütze mit dem Pompon von vorne fixieren.

3 Einen Pfeifenputzer ineinander verdrehen, davon zwei Stücke, je 7 cm, abschneiden. Beide Pfeifenputzer an der Innenseite der Ballonöffnung so ankleben, dass jeweils ein etwa 5 cm langes Stück nach oben stehen bleibt. Dieses leicht nach vorne biegen, darauf den Kopf und die Fliege (Vorlage C2) kleben.

4 Für die Arme je zwei Tonpapierstreifen, 50 cm lang, für die Beine je 25 cm lang, zu einer Hexentreppe falten (Anleitung Seite 6). Beide Hände (Vorlage C3) darauf anbringen. Auf die Schuhe (Vorlage C4) Heftstiche malen, die Blüten und die Pompons anbringen. Die Arme und die Beine der Abbildung entsprechend fixieren.

Lieber Rabe

Material

- Laternenzuschnitt aus 3D-Colorwellpappe in Schwarz, 13,5 x 18 cm
- Mobilefolie, 0,2 mm stark
- Strohseide in Gelb
- Tonkarton in Weiß, Orange, Braun, Schwarz
- Regenbogentonkarton
- Filzstift in Rot
- Laternenbügel

Vorlagen
B1, D1 – D4

1 Vier Rechtecke aus Mobilefolie, 13 x 17 cm, schneiden (Vorlage B1), die gelbe Strohseide mit Sprühkleber darauf fixieren.

2 Die Punkte mit einem roten Filzstift auftupfen. Die Folie hinter die Laternenausschnitte kleben und die Laterne falten und mit Klebstoff fixieren.

3 Das Gesicht (Vorlage D1) zuschneiden, beide Augen sowie den Schnabel aus Tonkarton anbringen, die Bäckchen mit einem Buntstift aufmalen.

4 Den Apfel (Vorlage D2) aus Regenbogentonkarton schneiden, die Apfelblüte mit Filzstift aufmalen. Den Stiel von hinten und das Blatt von vorne anbringen. Den Apfel und das einzelne Blatt am Raben befestigen.

5 Die Flügel (Vorlage D3) und die Füße (Vorlage D4) laut Foto anbringen. Am Laternenrand zwei Löcher mit einer Prickelnadel durchstechen und den Laternenbügel anbringen (Anleitung Seite 5).

Glänzender Roboter

Material

- Laternenzuschnitt aus 3D-Colorwellpappe in Silber, 13,5 x 18 cm
- Regenbogentransparentpapier
- Tonkarton in Weiß
- Wellpappe in Gold
- Hologrammfolie in Silber, Grün, Rot, Blau
- Mobilefolie, 0,2 mm stark
- Pfeifenputzer in Silber, 10 mm ∅, 28 cm lang
- Flower Hair in Silber
- 2 Musterbeutelklammern, 17 mm ∅
- 2 Strasssteine in Kristall, 6 mm ∅
- Silberstift
- Doppelseitiges Klebeband
- Alufolie
- 5 Kronkorken
- Laternenbügel

Vorlagen B1, E1 – E4

1 Alle Rechtecke aus dem Laternenzuschnitt drücken, diese werden später benötigt. Vier Rechtecke aus Mobilefolie, je 13 x 17 cm, zuschneiden (Vorlage B1). Darauf das Regenbogentransparentpapier mit Sprühkleber fixieren und hinter die Laternenausschnitte kleben. Ein Rechteck des Laternenzuschnitts für die Gestaltung des Kopfes verwenden (Vorlage E1).

2 Die silberne und grüne Hologrammfolie auf Tonkarton ziehen, ausschneiden, den Mund aufmalen und mit doppelseitigem Klebeband anbringen. Darauf ein Quadrat aus Wellpappe mit der Rückseite nach oben fixieren. Als Nase Wellpappe, 3 x 5 cm, aufrollen und befestigen. Zwei Kreise aus Hologrammfolie in die Kronkorken kleben und als Augen fixieren. Mit Strasssteinchen ausschmücken.

3 Drei Pfeifenputzer, je 16 cm lang, spiralförmig über den Finger wickeln und auf der Rückseite des Kopfes fixieren. Seitlich Flower Hair anbringen. Den Hals (Vorlage E2) von hinten befestigen, hierfür zwei Löcher durch den Hals und die Laterne stechen und laut Foto mit Musterbeutelklammern verbinden.

4 Den Laternenzuschnitt falten und zusammenkleben. Drei Kronkorken mit Hologrammfolie bekleben und aus Alufolie kleine Kugeln rollen, dabei eine Seite flach drücken. Die Kronkorken und die Kugeln am Roboter befestigen. Die Arme (Vorlage E3) seitlich, die Beine (Vorlage E4) am Laternenboden fixieren. Den Laternenbügel anbringen (Anleitung Seite 5).

1001 Nacht

Material

- Laternendeckel und Laternenboden in Weiß, (Käseschachtel), 15 cm ∅
- Strohseide in Hautfarbe, Pink, Lila
- Tonkarton in Weiß, Silber, Hautfarbe, Pink, Schwarz
- Tonkarton „Starlight" in Rosa
- Mobilefolie, 0,2 mm stark
- Dekoband in Silber, 8 mm breit, 65 cm lang
- Organzaschlauch in Pink/Lila, 9 cm breit, 1,80 m lang
- Silberkordel
- Acrylfarbe in Hautfarbe
- 4 Pfeifenputzer in Apricot, 10 mm ∅, 28 cm lang
- Pfeifenputzer in Silber, 10 mm ∅, 10 cm lang
- Strassstein in Kristall, 4 mm ∅
- 2 Strassblüten in Kristall, 10 mm ∅
- 5 Strassblüten in Pink, 12 mm ∅
- 5 Strassquadrate in Blau, 4 mm ∅
- Glitter Glue in Silber
- Motivlocher „Stern", groß
- Laternenbügel

Vorlagen F1 – F4

1 Die Oberseite des Laternendeckels mit Acrylfarbe bemalen. Die hautfarbene Strohseide, 20,5 x 51 cm, mit Sprühkleber auf der Mobilefolie befestigen und ausschneiden. Das Bauchteil (Vorlage F1) und das Oberteil (Vorlage F2) zuschneiden und mit Glitter verzieren.

2 Fünf Strassblüten in Pink jeweils an Silberkordelstücke kleben (2x 2,5 cm und 3x 3,5 cm lang). Die Bänder in die feuchte Glitterfarbe des Oberteils legen. Sobald die Farbe trocken ist, die Träger mit Silberband, je 3 cm lang, verzieren. Die Kleidungsstücke auf dem Laternenzuschnitt anbringen. Einen ausgestanzten Stern aufkleben und mit einem Strassstein verzieren.

3 Den äußeren Rand des Laternenbodens mit Klebstoff bestreichen. Den Folienzuschnitt auflegen und nach und nach mit dem Boden verkleben. Überlappende Ränder aufeinanderkleben. Anschließend den Deckel fixieren. Das Gesicht zuschneiden und gestalten (Vorlage F3). Entlang der markierten Linie den Pony sowie beide Schlitze für das Haarband mit dem Cutter einschneiden, das Gesicht und das Haarband hindurchschieben und von hinten fixieren. Einen Pfeifenputzer, 10 cm lang, als Kette umlegen und den Kopf auf die Laterne kleben.

4 Den Organzaschlauch, 1,40 m lang, in zwei Reihen mit Heftstichen versehen, zusammenraffen und als Rock fixieren. Darauf ein Silberband, 55 cm lang, kleben. Die Pfeifenputzer ineinander verdrehen, zwei Ärmel aus Organzaschlauch, je 20 cm lang, raffen, die Pfeifenputzer hindurchziehen, beide Fäden zusammenziehen, verknoten und die Hände (Vorlage F4) anbringen. Die Ärmel seitlich am Laternenrand befestigen.

Vogelscheuche

Material

- Laternendeckel und Laternenboden in Weiß (Käseschachtel), 15 cm Ø
- Strohseide in Blau, 20,5 x 51 cm (Laternenzuschnitt)
- Tonkarton in Hautfarbe, Intensivgelb, Dunkelgelb, Hellrot, Blau, Braun
- Mobilefolie, 0,2 mm stark
- Modellierfilz in Grün
- Acrylfarbe in Blau
- Bast in Natur
- Sisalgras in Grün
- Sonnenblumen-Pick 15 mm Ø
- Knopf in Orange, 12 mm Ø
- Filzstifte in Rot, Grün
- Laternenbügel

Vorlagen G1 – G4

1 Den Laternendeckel mit Acrylfarbe bemalen. Die blaue Strohseide mit Sprühkleber auf der Folie fixieren und ausschneiden. Für die Arme den blauen Tonkarton beidseitig mit blauer Strohseide bekleben. Auf die blaue Tasche (Vorlage G1) und den Flicken (Vorlage G2) Heftstiche malen und die Teile auf der Folie fixieren.

2 Den äußeren Rand des Laternenbodens mit Klebstoff bestreichen. Den Folienzuschnitt auflegen und nach und nach mit dem Boden verkleben. Überlappende Ränder aufeinanderkleben. Anschließend den Deckel fixieren.

3 Den Kopf (Vorlage G3) zuschneiden und das Gesicht bemalen, die Nase aus Tonkarton fertigen. Ein Bastbüschel mit Draht abbinden und als Haare mittig am Kopf fixieren. Den Hut aufsetzen, auf das Hutband mit einem Filzstift Punkte tupfen. Die Haare zurechtschneiden. Das Gesicht auf den Filzkragen kleben, anschließend auf der Laterne anordnen.

4 Die beidseitig mit Strohseide bezogenen Arme (Vorlage G4) zuschneiden und die Klebenaht knicken. Den Naturbast mit Draht abbinden, hinter den Ärmeln befestigen und diese auf der Laterne anbringen. Mit einer Prickelnadel Löcher in den Laternenrand stechen und den Laternenbügel befestigen (Anleitung Seite 5).

Niedliche Bären

Material

Für beide Laternen

- 2 Pappteller in Weiß, 23 cm ∅
- Regenbogentransparentpapier
- Tonkarton in Weiß, Rot, Schwarz
- Mobilefolie, 0,2 mm stark
- Pfeifenputzer in Weiß, 10 mm ∅, je 24 cm lang
- Laternenbügel

Bärenmädchen

- Tonkarton „Starlight“ in Rosa
- Tonkarton in Pink

Bärenjunge

- Perlmuttkarton in Mittelblau
- Pompon in Weiß, 5 cm ∅

Vorlagen H1 – H3

Anleitung Seite 22

Lustiges Gespenst

Material

- Luftballon, rund
- Seidenpapier in Weiß
- Tonkarton in Weiß, Gelb, Rot, Schwarz
- 2 Pfeifenputzer in Weiß, 15 mm Ø, 50 cm lang
- Dekoband in Grün-Blau gemustert, 6 cm breit, 7 cm lang
- Effektdraht in Silber
- Satinband in Türkis, 3 mm breit, 15 cm lang
- 2 Markierungspunkte in Schwarz, 12 mm Ø
- Tapetenkleister
- Laternenbügel

Vorlagen J1, J2

Tipp

Bei den Bärenlaternen kann der Laternenbügel ganz einfach auch an den Händen beziehungsweise an den Füßen der Bären befestigt werden.

Nach der Anleitung auf Seite 5 eine Ballonlaterne anfertigen (Umfang etwa 65 cm). Mehrere Seidenpapierstreifen, etwa 2 cm breit und 42 cm lang, rings um den oberen Rand des Ballons kleben. Den Kopf zuschneiden (Vorlage J1), den Mund aufmalen, Nase und Augen aus Tonkarton schneiden, für die Pupillen Markierungspunkte verwenden. Einen Pfeifenputzer ineinander verdrehen, davon drei Stücke, je 7 cm lang, abschneiden. Diese so an die Innenseite der Ballonöffnung kleben, dass jeweils etwa 5 cm überstehen. Die Pfeifenputzer leicht nach vorne biegen, darauf den Kopf kleben. Das Band in der Mitte mit Draht abbinden und als Fliege befestigen. Die Hände (Vorlage J2) auf die weißen Pfeifenputzerarme, je 20 cm lang, kleben, diese an der Innenseite der Ballonöffnung anbringen. Zwei Löcher in den Laternenrand stechen und den Laternenbügel anbringen.

Niedliche Bären

Abbildung & Materialangaben Seite 20/21

Das Transparentpapier mit Sprühkleber auf der Mobilefolie fixieren. Den Innenausschnitt, 14,5 cm Ø, bei beiden Papptellern vornehmen und mit der Folie hinterkleben. In den Rand der Pappteller eine Öffnung, 2,5 cm tief, 13 cm lang, für den Laternenstab schneiden. Beide Teller mit Schmuck-Kleber gegeneinanderkleben. Das Gesicht (Vorlage H1) bemalen, die Nase fixieren. Den Kopf des Bärenmädchens auf einem Kragen fixieren, den des Jungen auf den Pfoten (Vorlage H2) anordnen. Als Schwanz einen Pompon fixieren. Die weißen Pfeifenputzer für die Arme oder Beine, je 12 cm lang, ineinander verdrehen, auf der Rückseite der Laterne anbringen. Die Hände oder Füße (Vorlage H3) fixieren und zurechtbiegen. Den Laternenbügel befestigen.

Lachender Kürbis

Material

- Transparentpapier in Orange
- Tonkarton in Weiß, Hautfarbe, Gelb, Orange, Rot, Schwarz
- Regenbogentonkarton
- Mobilefolie, 0,2 mm stark
- Abstandsband
- Motivlocher „Stern", mittel
- Laternenbügel

Vorlagen K1, K2

1 Den Kürbis doppelt (Vorlage K1), Augen, Nase und Mund einfach aus Tonkarton zuschneiden. Die Folie ebenfalls zuschneiden (gestrichelte Linie auf der Vorlage), das Transparentpapier mit Sprühkleber darauf befestigen. Auf einer Seite Augen, Nase und Mund fixieren.

2 Nach der Vorlage K2 den Mittelstreifen, der die Vorder- und Rückseite der Laterne verbindet, zuschneiden (Länge: 67 cm). Die Kleberänder des Verbindungsstreifens an der gestrichelten Linie mit einem Falzbein falzen und falten. Die kleinen spitzen Dreiecke sind die Klebestege.

3 Das Gesicht der Hexe (Vorlage K1) zuschneiden und bemalen, die Nase aus Tonkarton fertigen. Die Haare von hinten, den Hut mit dem Hutband von vorne befestigen. Die Hutkrempe lose hinter die Haare schieben. Einen Stern mit dem Motivlocher stanzen und an den Hut kleben. Das Gesicht von hinten, die Hände mit Abstandsband von vorne anbringen.

4 Die Vorder- und Rückseite der Laterne mit dem Mittelstreifen verbinden. Hierfür den Mittelstreifen Stück für Stück erst an einem, dann am anderen Seitenteil mit flüssigem Klebstoff (Alleskleber) fixieren. Dazu die zu verbindenden Papiere mit Klebstoff einstreichen, kurz antrocknen lassen und fest aufeinanderdrücken.

5 Mit einer Prickelnadel zwei Löcher in den Laternenrand stechen und einen Laternenbügel anbringen (Anleitung Seite 5).

Fröhlicher Frosch

Material

- Laternendeckel und Laternenboden in Weiß (Käseschachtel), 15 cm ∅
- Strohseide in Grün, 20,5 x 51 cm (Laternenzuschnitt)
- Tonkarton in Weiß, Gelb, Rot, Grün, Schwarz
- Mobilefolie, 0,2 mm stark
- Acrylfarbe in Grün
- Je 2 Pfeifenputzer in Rot, Grün, 10 mm ∅, 25 cm lang
- 2 Knöpfe in Orange, 2,6 cm ∅
- Filzstift in Rot
- Motivlocher „Herz", klein
- Laternenbügel

Vorlagen L1, L2

1 Den Laternendeckel mit Acrylfarbe bemalen. Den Strohseiden-Laternenzuschnitt mit Sprühkleber auf die Mobilefolie kleben und ausschneiden. Den äußeren Rand des Laternenbodens mit Klebstoff bestreichen. Den Folienzuschnitt auflegen und nach und nach mit dem Boden verkleben. Überlappende Ränder aufeinanderkleben. Anschließend den Deckel fixieren.

2 Den Kopf zuschneiden (Vorlage L1), die Mundkonturen mit einem Filzstift nachziehen. Den Mund ausschneiden, mit schwarzem Tonkarton sowie der roten Zunge hinterkleben. Die Bäckchen und die Nasenöffnungen aufmalen, zwei Herzen mit einem Motivlocher ausstanzen und fixieren. Die weißen Augen und die schwarzen Pupillen aus Tonkarton schneiden.

3 Auf das Halstuch mit einem Filzstift Punkte tupfen, den Rand mit einem Buntstift rot schattieren. Den unteren Zipfel des Halstuches von hinten anbringen, den Kopf auf dem Halstuch und beides auf der Laterne fixieren. Die Knöpfe anbringen.

4 Für die beiden Arme jeweils einen grünen und einen roten Pfeifenputzer, je 12,5 cm lang, ineinander verdrehen, darauf die Hände (Vorlage L2) kleben und die Arme an der Laterne anbringen. Mit einer Prickelnadel zwei Löcher in den Laternenrand stanzen und den Laternenbügel anbringen (Anleitung Seite 5).

Waldeule

Material

- Regenbogentransparent-papier
- Tonkarton in Hellblau, Gelb, Pink, Dunkelblau, Schwarz
- Mobilefolie, 0,2 mm stark
- Glitterfarbe, irisierend
- 2 Marabufedern in Hellblau
- 6 Strasssteine in Kristall, 3 mm ∅
- Abstandsband
- Laternenbügel

Vorlagen K2, M

1 Den Körper (Vorder- und Rückseite der Laterne) nach der Vorlage M aus Tonkarton doppelt zuschneiden, danach die anderen Motivteile. Die Konturen des Körpers und der Flügel mit Glitter umfahren und trocknen lassen.

2 Transparentpapier mit Sprühkleber auf der Mobilefolie befestigen, nach der Vorlage zuschneiden (gestrichelte Linie auf der Vorlage) und damit beidseitig die Ausschnitte hinterkleben.

3 Die Flügel, den Schnabel und die Augen befestigen, die Füße mit Abstandsband fixieren. Die Spitzen der Flügel mit Strasssteinchen schmücken, auf der Rückseite der Ohren jeweils eine blaue Marabufeder befestigen.

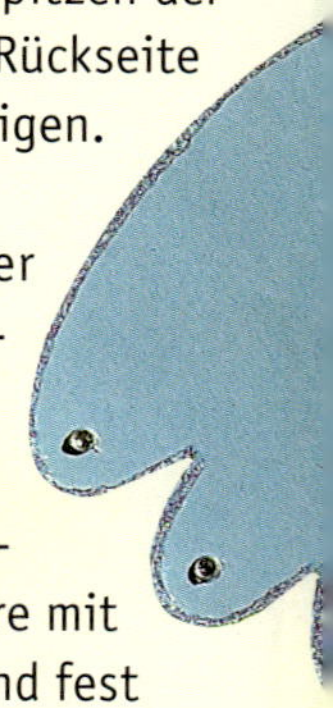

4 Die Vorderseite und die Rückseite der Laterne mit einem 46 cm langen Mittelstreifen (Vorlage K2) verbinden. Hierfür den Streifen Stück für Stück erst an einem, dann an dem anderen Seitenteil mit flüssigem Klebstoff (Alleskleber) fixieren. Dazu die zu verbindenden Papiere mit Klebstoff einstreichen, kurz antrocknen lassen und fest aufeinanderdrücken.

5 Mit einer Prickelnadel zwei Löcher am oberen Laternenrand einstechen und einen Laternenbügel anbringen (Anleitung Seite 5).

Kleiner Pirat

Material

- Strohseide in Weiß, Rot
- Tonkarton in Weiß, Silber, Hautfarbe, Rot, Blau, Dunkelblau, Schwarz
- Mobilefolie, 0,2 mm stark
- 2 Pfeifenputzer in Weiß, Rot, 10 mm ∅, je 32 cm lang
- Schokoladen-Eurostücke
- Laternenbügel

Vorlagen
K2, N1 – N3

1 Nach der Vorlage N1 den Körper zweimal aus Tonkarton schneiden, ebenso die Zuschnitte für die Mobilefolie anfertigen (gestrichelte Linie auf der Vorlage). Weiße Strohseide mit Sprühkleber auf den Folienzuschnitten fixieren. Rote Strohseidenstreifen mit der Zackenschere zuschneiden und darauf befestigen. Die Mobilefolie hinter die Ausschnitte der Laterne kleben. Das Gesicht zuschneiden und gestalten, das Band der Augenklappe aufmalen, die Nase sowie die Augenklappe aus Tonkarton fertigen.

2 Die Basthaare von vorne und hinten am Kopf befestigen, darauf den Hut, diesen auf der Rückseite der Ohren fixieren. Auf das Halstuch Punkte malen, den Kopf aufkleben und auf einer Laterneseite anordnen. Jeweils zwei rote und weiße Pfeifenputzer, je 16 cm lang, ineinander verdrehen, die Hände befestigen (Vorlage N2) und die Arme auf der Motivrückseite anbringen. Nach der Vorlage N3 die Socken mit roten Streifen bemalen, die Trennlinien der Schuhe mit einem Gelstift nachziehen, zusammenfügen und an der Hose fixieren.

3 Die Schokolade aus den Münzen entfernen, säubern, den Rand abschneiden, beide Münzen gegeneinanderkleben. Die Münzen mit einem Faden untereinanderbinden und an der Hand befestigen. Das zweiteilige Messer in die linke Hand geben. Die Vorderseite und die Rückseite der Laterne mit dem 54 cm langen Mittelstreifen (Vorlage K2) verbinden. Hierfür den Streifen Stück für Stück erst an einem, dann am anderen Seitenteil mit flüssigem Klebstoff (Alleskleber) fixieren. Dazu die zu verbindenden Papiere mit Klebstoff einstreichen, kurz antrocknen lassen und fest aufeinanderdrücken. Mit einer Prickelnadel zwei Löcher in den Laternenrand stechen und den Laternenbügel anbringen (Anleitung Seite 5).

Kinderleichte Laternen

Abbildung & Materialangaben Seite 8/9

Kürbislaterne

Vier Rechtecke aus Mobilefolie, 13 x 17 cm, schneiden (Vorlage B1), die Strohseide mit Sprühkleber darauf fixieren. Die Kartoffeln halbieren (sollte ein Erwachsener übernehmen), mit Farbe bestreichen und die Strohseide damit bedrucken. Nach dem Trocknen mit wasserfesten Filzstiften die Gesichter und die Apfelstiele aufmalen. Für Lichtpunkte und Zähne einen weißen Gelstift verwenden. Die Zuschnitte jeweils hinter die Laternenausschnitte kleben und die Laterne zusammenfügen. Mit einigen Blättern (Vorlage B2) aus Regenbogentonkarton schmücken.

Gespensterlaterne

Auf die milchige Mobilefolie die Hand des Kindes auflegen und die Finger leicht spreizen. Die Hand ohne Daumen mit einem Bleistift umfahren, die Linie mit einem schwarzen Filzstift nachziehen. Beide Wackelaugen und den Pompon als Nase fixieren, den Mund aufmalen und Herzen als Wangen befestigen. Den Hintergrund entweder mit den Fingern oder mit einem Wattestäbchen betupfen. Einige Flaumfedern von der Marabufeder abschneiden, diese am Kopf des Gespenstes sowie einige Spinnen anbringen. Die Laterne zusammenfügen. Die Sterne (Vorlage B3) ringsum befestigen, an die Sternzacken ein Metallglöckchen hängen. Die Löcher einstanzen und den Drahtbügel anbringen (Anleitung Seite 5).

Impressum

ISBN 978-3-419-56858-3

Lektorat:
Gisa Windhüfel, Freiburg

Styling und Fotos:
Christoph Schmotz, Freiburg

Covergestaltung und Layoutentwurf:
Network!, München

Coverrealisierung:
smp, Freiburg

Produktion:
smp, Freiburg

Druck:
Freiburger Graphische Betriebe

Verlag Herder GmbH
Christophorus-Verlag
Hermann-Herder-Str. 4
79104 Freiburg

Tel.: 07 61/27 17-0
Fax: 07 61/27 17-35 2

E-Mail:
info@christophorus-verlag.de
www.christophorus-verlag.de